Ursula Calis

Feinste Rezepte

Bärlauch

Knoblauch & Zwiebel

KOMPASS

EIN WORT ZUVOR

Bärlauch, Knoblauch und Zwiebel sind nicht nur wertvoll und gesund, sondern haben nachweislich einen überaus positiven Effekt auf unseren Körper.

So zählt beispielsweise der Knoblauch zu einer der ältesten Kulturpflanzen der Welt. Schon griechische oder römische Ärzte setzten ihn als Heilmittel bei Magenkrämpfen, Bronchitis oder Hautproblemen ein. Heute weiß man, dass ein regelmäßiger Verzehr den Blutdruck oder den Cholesterinspiegel senkt und die Abwehrkräfte stärkt. Gleiches gilt für den über viele Jahre in Vergessenheit geratenen Bärlauch. Die durchblutungsfördernde Wirkung dieser Pflanze ist erkannt. Besonders beliebt ist er aber auch, weil er vielen Speisen eine knoblauchähnliche Note verleiht, ohne die Schärfe des Verwandten zu übertragen oder gar am nächsten Tag den gleichen Geruch zu verströmen, denn er wird nicht über die Haut ausgeschieden.

Genauso wichtig für eine gesunde Ernährung ist die Zwiebel. Neben wertvollen Eiweißen „glänzt“ sie vor allem durch ihren Gehalt an seltenen Mineralstoffen, Spurenelementen sowie ätherischen Ölen.

Bärlauch, Knoblauch und Zwiebel sind somit wichtige Zutaten für eine moderne, bessere sowie ernährungsbewusste Küche. Das letzte Kapitel ist daher speziell der gesundheitlichen Wirkung der verschiedenen Inhaltsstoffe dieser Gemüsesorten gewidmet. Dieses Buch soll aber auch dazu beitragen, Bärlauch-, Knoblauch- oder Zwiebelgerichte gezielt zuzubereiten und verschiedene, altbewährte aber auch neue, raffinierte Rezepte kennen zu lernen. Es liefert Ihnen zahlreiche Ideen, die gesunden Zutaten in passender Form zu verarbeiten. Neben Suppen und Saucen sind dies vor allem Hauptgerichte, aber auch Aufläufe oder pikante Gebäcke. Zur Vorratshaltung erfahren Sie interessante Anregungen.

So gelingt es Ihnen sicher schnell, das Passende für Ihren Bedarf zu finden oder neuartige Rezepte zu entdecken.

Dabei wünsche ich Ihnen stets ein gutes Gelingen und viel Freude beim Ausprobieren.

Ihre
Ursula Calis

INHALT

WISSENSWERTES ÜBER BÄRLAUCH

Bärlauch gehört zur Familie der Liliengewächse. Man findet ihn in nahezu ganz Europa sowie Nordasien. Er wird auch als wilder Knoblauch, Waldknoblauch, Ramschel oder Bärenlauch bezeichnet. Im Lateinischen kennt man ihn als „Allium ursinum", der Engländer nennt ihn „wild garlic" und in Italien ist er als „erba orsina" populär. Er liebt saftige, schattige und feuchte Böden. Findet man ihn, so ist es wichtig, an den Blättern zu reiben. Entwickelt sich ein Knoblauch ähnlicher Geruch, so ist es Bärlauch. So vermeidet man, ihn mit den Blättern des giftigen Maiglöckchens zu verwechseln. Vor der Blüte entwickeln die zarten, jungen Blätter den besten Geschmack.

Die Bezeichnung „Bärlauch" verweist auf die alten Germanen, die immer wieder beobachten, dass im Frühjahr die vom Winterschlaf aufgewachten Bären dieses Kraut bevorzugt als erste Nahrung zu sich nahmen. Man schreibt der Pflanze zahlreiche, heilende Kräfte zu (siehe auch Seite 77). Heute erlebt der Bärlauch eine Wiederentdeckung in der feinen,ernährungsbewussten Küche. Man findet ihn an entsprechenden Plätzen im Wald oder entlang von Bachläufen, an denen Buchen stehen. Die Pflanze kann eine Höhe von ca. 50 cm erreichen. Man schneidet die feinen Blätter am besten mit einer Schere oder einem Gemüsemesser ab. Mittlerweile ist er zwischen März bis Anfang Juli auch auf gut sortierten Bauernmärkten sowie – aus kultiviertem Anbau – auch in Naturkostläden erhältlich. Zwar ist der Bärlauch mit dem Knoblauch verwandt, er hat daher ein ähnliches Aroma, wird jedoch nicht über die Haut ausgeschieden, und verursacht somit nahezu keinen „Geruch" am nächsten Tag.

Bärlauch richtig verarbeiten

Ist zum Ende des Frühlings die

Erntezeit des Bärlauchs vorbei, so kann es sinnvoll sein, die wertvollen Bärlauchblätter zu konservieren. Zwar leidet das Aroma durch Trocknen oder Einfrieren, beides sind jedoch bewährte Methoden. Gut ist es auch, den Bärlauch zu Pesto zu verarbeiten und entsprechend zu lagern oder ihn in Öl anzusetzen. Das Öl ist dann für eine längere Zeit bestens verwendbar.

Passende Rezepte finden Sie auf den nachfolgenden Seiten. Damit der Gemüsesaft in den Blättern nicht zu stark austritt, ist es ratsam zum Zerkleinern ein Wiegemesser einzusetzen. Wichtig ist, den Bärlauch stets unter kaltem Wasser gründlich zu waschen, dann gut zu trocknen (Küchenpapier) oder in einer Salatschleuder das restliche Wasser zu beseitigen.

CANAPÉES MIT BÄRLAUCH-AVOCADO-CREME

2 vollreife Avocados, 2 Bund frischer Bärlauch
2 EL Pinienkerne (pinol), 3 EL Zitronensaft
ca. 1 EL Sonnenblumenöl
Salz, Cayennepfeffer, 1 Prise Curry
8 – 12 Scheiben frisches Baguette-Brot

- Die Avocados der Länge nach halbieren, auseinander drehen und den Kern entfernen. Die Hälften schälen. Eine Hälfte dünn mit Zitronensaft bestreichen, die anderen drei mit einer Gabel fein zerdrücken.
- Den Bärlauch gründlich waschen, trockentupfen und fein hacken. die Pinienkerne kurz anrösten und ebenfalls hacken.
- Das Avocadopüree mit Bärlauch, Pinienkernen, restlichem Zitronensaft und Öl mischen, kräftig würzen.
- Die Baguette-Scheiben vertoasten und mit der Creme bestreichen. Die noch übrige Avocado-Hälfte in feine Scheiben schneiden und die Canapées damit garnieren.

BÄRLAUCHBUTTER

250 g weiche Butter, 20 g Bärlauch
20 g Petersilie, 1 Knoblauchzehe nach Belieben
Saft 1/2 Zitrone
etwas abgeriebene Schale 1/2 unbehandelten Zitrone
ca. 1/2 TL Meersalz
1 Prise Pfeffer oder Cayennepfeffer

Die Butter in eine Schüssel geben. Bärlauch sowie Petersilie sehr gut waschen, die Stielansätze abschneiden, dann in einer Salatschleuder gut trocken schleudern und zusätzlich mit Küchentüchern trocken tupfen. Sehr fein schneiden, dann zur Butter geben.

- Nach Belieben geschälten, gepreßten Knoblauch zufügen. Zitronensaft darüberträufeln, etwas abgeriebene Zitronenschale sowie Salz und Pfeffer hinzugeben.
- Alles gleichmäßig verrühren.

Tipp:

Der Zitronensaft und die Schale geben der Bärlauchbutter einen frischen Geschmack. Gibt man die Masse auf ein Stück Klarsichtfolie, so lässt sich daraus leicht eine Rolle formen. Die Bärlauchbutter lässt sich frisch verwenden oder aber auch gut einfrieren. Sie passt sehr gut zu gedünstetem Gemüse, dann sollte sie jedoch erst gegen Ende der Garzeit zugegeben werden, damit der Bärlauch sein intensives Aroma nicht verliert.

BELEGTE BROTE MIT FRISCHEM BÄRLAUCH

80 – 100 g frische Bärlauchblätter
einige Bärlauch-Blüten
frisches Bauernbrot
Butter, etwas grobes Meersalz

- Die Bärlauchblätter gründlich waschen, abtropfen und trockentupfen oder in einer Salatschleuder trockenschleudern, dann grob hacken.
- Die Brotscheiben mit Butter bestreichen, mit etwas Meersalz bestreuen, dann mit dem Bärlauch sowie den Blüten belegen. Frisch angerichtet servieren.

BÄRLAUCH-ÖL

150 g Bärlauchblätter
750 ml kaltgepreßtes Olivenöl

- Die Bärlauchblätter sehr gut waschen, die Stielansätze abschneiden, in einer Salatschleuder vom Restwasser befreien und zusätzlich zwischen Küchentüchern trockentupfen.
- Die Blätter mit einem scharfen Messer in feine Streifen schneiden und am besten in eine dunkle Flasche geben. Mit Olivenöl auffüllen und etwa 2 – 3 Wochen bei Raumtemperatur stehen lassen. Dabei einen möglichst dunklen Platz auswählen. Danach verwenden oder in kleinere Flaschen umfüllen.

Tipp:

Kühl gelagert lässt sich das Bärlauch-Öl etwa 8 – 10 Monate lang verwenden. Es passt gut zu gegrilltem Fleisch vom Rind oder Lamm, vor allem aber ist es für Salate oder gedünsteten Fisch bestens einsetzbar.

BÄRLAUCH-PESTO

100 g Bärlauch, 50 g Pinienkerne
8 EL kaltgepreßtes Olivenöl (ca. 150 ml)
2 EL frisch geriebener Parmesan oder Pecorino
Salz, frisch gem. Pfeffer

▶ Den Bärlauch sehr gut waschen, die Stielansätze abschneiden, dann die Blätter in einer Salatschüssel gut trockenschleudern und zusätzlich mit Küchentüchern trockentupfen. Sehr fein hacken, dazu am besten ein Wiegemesser einsetzen.

▶ In einen Mörser geben und zusammen mit den Pinienkernen fein zerstoßen oder im Mixer zerkleinern. Dabei nach und nach das Olivenöl dazugeben.

▶ Zuletzt die Paste mit Parmesan oder Pecorino verrühren und mit Salz sowie Pfeffer abschmecken.

▶ In ein gut schließendes Schraubglas geben, mit Öl abdecken. Im Kühlschrank lagern. Innerhalb weniger Tage aufbrauchen.

Interessant für Sie:
Das Bärlauch-Pesto passt gut zu
- Gnocchi oder Spaghetti
- hellen Saucen (wird eingerührt)
- gebackenem Käse
- Tomaten mit Mozzarella, oder
- gekochtem Reis

KRÄUTER-FENCHELCREME MIT FRISCHEM BÄRLAUCH

150 g Fenchel, 100 g Blattspinat, aufgetaut
1/2 TL Senfkörner, etwas frische Minze
etwas frische Petersilie, 2 cl Anisschnaps
100 ml trockener Weißwein, Salz, weißer Pfeffer
400 ml kräftige Gemüsebrühe, 100 g kalte Butter
40 g frisch gehackter Bärlauch, etwas Dill

◗ Den Fenchel waschen und in dünne Scheiben schneiden. Den Spinat abtropfen lassen. Fenchel und Senfkörner zusammen mit Anisschnaps sowie Weißwein in einen kleinen Topf geben. Mit Salz und Pfeffer würzen, dann in ca. 15 Minuten zugedeckt weichdünsten.

◗ Den Blattspinat dazugeben, mit Brühe aufgießen und einige Minuten lang weiterkochen. Zuletzt klein geschnittene Minze und Petersilie unterziehen.

◗ Nun die Sauce mit dem Pürierstab oder im Mixer fein pürieren. Nach und nach die Butter sowie den sehr fein gehackten Bärlauch dazugeben. Nochmals abschmecken, dann mit Dillspitzen garniert servieren.

Interessant für Sie: Diese milde Gemüsecremesauce passt sehr gut zu gedünsteten Gerichten, z.B. Fisch oder Geflügel. Dabei kann die Garflüssigkeit auch für die Saucenzubereitung verwendet werden. Wichtig ist, einen trockenen Weißwein mit hohem Säuregehalt einzusetzen. Sollten Sie einen eher milden Wein vorrätig haben, so geben Sie einige Tropfen Zitronen- oder Limettensaft zur Sauce.

BÄRLAUCH-CREMESUPPE MIT KRESSEBLÜTEN

3 EL Butter oder Margarine, ca. 3 EL Mehl
kalte Milch, Salz, weißer Pfeffer
1 Prise Muskat, 150 g frischer Bärlauch
1 l kräftige Fleisch- oder Geflügelbrühe
200 ml süße Sahne (Obers), 30 g kalte Butter
ca. 8 frische Kresse-Blüten als Garnitur
oder geröstete Semmelwürfel nach Belieben

▶ Das Fett in einem größeren Topf schmelzen, dann das gesiebte Mehl darüber streuen und kurz anschwitzen lassen. So viel kalte Milch dazugeben, dass eine cremig-dickflüssige Mischung entsteht. Kräftig würzen, dann unter gelegentlichem Umrühren auf niedriger Stufe ca. 15 Minuten leicht köcheln lassen.

▶ Den Bärlauch sehr gründlich waschen, in einer Salatschleuder trocknen, dann die harten Stielenden abschneiden und die Blätter ggf. noch mit Küchenpapier trockentupfen. Kleinschneiden, anschließend im Mixer fein pürieren. Beiseite stellen.

- Das Mehl-Milchgemisch mit der Brühe auffüllen, ca. 8 – 10 Minuten kochen lassen, von der Kochstelle nehmen, süße Sahne, Butter und Bärlauch unterrühren, nochmals abschmecken.
- Mit den Kresseblüten garniert servieren oder nach Belieben geröstete Semmelwürfel dazu reichen.

Interessant für Sie: Im Handel und auf großen Wochenmärkten werden in den Sommermonaten von der Kapuzinerkresse die essbaren Blüten angeboten. Sie sehen nicht nur hübsch aus, sondern haben auch einen zarten Kressegeschmack, der gut zur Bärlauch-Cremesuppe passt. Falls Sie die Blüten nicht finden, so können Sie alternativ Zucchini-Blüten verwenden.

BÄRLAUCH-QUARK (TOPFEN)

250 g vollfetter Quark (Topfen)
250 g halbfetter Quark (Topfen)
5 EL süße Sahne (Obers)
5 EL fein gehackter Bärlauch, Saft 1/2 Zitrone
Kräutersalz, weißer Pfeffer, Cayennepfeffer
etwas abgeriebene Schale 1/2 unbehandelten Zitrone
2 EL gehackte Zitronenmelisse

- Den gut abgetropften Quark mit der Sahne gleichmäßig verrühren. Bärlauch, Zitronensaft, Gewürze, Zitronenschale sowie feingewiegte Melisseblättchen unterziehen.
- In eine Schüssel geben, mit Klarsichtfolie zudecken und ca. 2 – 3 Stunden im Kühlschrank durchziehen lassen.

Beigabe:
Frisches Weißbrot und ein trockener Rotwein.

LAMMKOTELETTS IN BÄRLAUCH-MARINADE MIT GEMÜSEREIS

Lammkoteletts:
8 Lammkoteletts à ca. 100 g, frisch gem. Pfeffer
2 – 3 EL Bärlauch-Pesto (Rezept s. S. 9)
3/8 l trockener Rotwein, Klarsichtfolie
6 EL Sonnenblumenöl, 1 1/2 EL Stärkemehl
3 – 4 EL Crème fraîche, 1 1/2 EL kalte Butter
Gemüsereis:
1 kleine Zucchini, 1 mittlere Zwiebel
2 EL Sonnenblumen- oder Olivenöl
1 EL Bärlauch-Pesto, 100 g Champignons
1 große Fleischtomate, 2 EL vorgegarte Maiskörner
2 Tassen Patna-Reis, 3 Tassen kräftige Brühe
Salz, gem. Pfeffer, Cayennepfeffer

▶ Die Lammkoteletts kurz kalt abspülen und mit Küchenpapier trockentupfen. Mit Pfeffer würzen, dann mit Bärlauch-Pesto bestreichen, in eine halbhohe Schale geben und mit dem Rotwein übergießen. Mit Klarsichtfolie zudecken, dann im Kühlschrank ca. 4 – 6 Stunden marinieren lassen.

▶ In der Zwischenzeit den Gemüsereis vorbereiten. Hierzu Zucchini putzen, waschen und in dünne Scheiben schneiden. Zwiebel schälen, würfeln. Champignons putzen, blättrig aufschneiden. Die Fleischtomate heiß überbrühen, die Haut abziehen, den grünen Stielansatz entfernen und würfeln.

▶ Das Öl in einem halbhohen Topf erhitzen, die Zwiebel darin kurz andünsten, dann Zucchini- und Champignonscheiben dazugeben. Das Bärlauch-Pesto einrühren. Den Reis dazugeben, kurz alles durchmischen, dann mit Brühe ablöschen.

▶ Kräftig würzen und auf niedriger Stufe gut zugedeckt ca. 20 – 25 Minuten garen, bis die Flüssigkeit verkocht und der

Reis aufgequollen ist. In den letzten 5 Minuten Maiskörner sowie Tomatenwürfel hinzufügen. Vor dem Servieren untermischen.

▶ Die Lammkoteletts aus der Marinade nehmen, den Sud beiseite stellen. Die Koteletts in einer großen Pfanne mit heißem Öl von beiden Seiten je ca. 3 Minuten braten.

▶ Für die Sauce die Hälfte der Marinade mit Stärkemehl glattrühren, dann aufkochen, von der Kochstelle nehmen, würzen, mit Crème fraîche abrunden und kalte Butter unterziehen.

▶ Die Sauce auf Tellern anrichten, dann erst die Lammkoteletts auflegen und den Gemüsereis dekorativ darauf geben. Die restliche Sauce separat reichen.

Beilage:

Gemischter Frisée-Radiccio-Salat mit Tomaten und Balsamico-Dressing

Tipp:

Möchten Sie zu diesem mediterranen Gericht einen Rotwein servieren, so sollte es der gleiche sein, mit dem Sie auch die Lammkoteletts mariniert und die Sauce zubereitet haben.

LACHS MIT BÄRLAUCHKRUSTE

4 Lachskoteletts à 180 – 200 g, Saft 1/2 Zitrone
Salz, weißer Pfeffer aus der Mühle
etwas Öl, 1/2 Bund Bärlauch
60 g geriebener Käse (z.B. Gouda)
2 – 3 EL Semmelbrösel, Kräutersalz
Butter für die Form

▶ Die Lachskoteletts kalt abspülen, mit Küchenpapier trockentupfen, dann mit Zitronensaft beträufeln und würzen. In einer beschichteten Pfanne in heißem Öl von beiden Seiten ca. 2 – 3 Minuten braten.

▶ Anschließend in eine mit Butter ausgefettete, hitzebeständige Auflaufform geben und den Backofen auf 210 – 230 °C vorheizen.

- Den Bärlauch gründlich waschen, trockentupfen und fein hacken. Mit geriebenem Käse, Kräutersalz sowie Semmelbröseln mischen und auf den Lachskoteletts verteilen.
- Für ca. 12 – 15 Minuten in die Mitte des heißen Backofens geben, bis eine goldbraune Kruste entsteht.

Tipp:

Als Beilage servieren Sie dazu in der Schale gekochte Kartoffeln (Erdäpfel) und gedünsteten Spinat.

KLEINE SCHNITZEL MIT BÄRLAUCH-PANADE

600 – 700 g Schweinefilet
weißer Pfeffer aus der Mühle
Panade:
2 – 3 EL Mehl, 2 Eier
Salz, weißer Pfeffer, Cayennepfeffer
4 EL geh. Bärlauch. 2 EL ger. Parmesan
2 EL gem. Haselnüsse
ca. 80 g Butterschmalz zum Braten

- Das Schweinefilet kurz kalt abspülen, mit Küchenpapier trockentupfen und in 16 gleichdicke Scheiben schneiden. Von Hand sehr flach klopfen, dann beidseitig pfeffern und in Mehl wenden.
- Die Eier verquirlen, salzen und pfeffern. Den gehackten Bärlauch dazugeben. Parmesan sowie Haselnüsse unterrühren.
- Das Butterschmalz in einer weiten Pfanne erhitzen.
- Die Fleischscheiben in der Panade wenden, sofort in das heiße Fett geben, die Hitze reduzieren und die Schnitzel von jeder Seite ca. 5 – 6 Minuten braten.

Beilage:

Kartoffelgratin, gedünstete Erbsen.

GEFÜLLTE PUTENBRUST MIT KÄSE-BÄRLAUCH-HAUBE

1,5 kg Putenbrust, vom Metzger eingeschnitten
Salz, weißer Pfeffer aus der Mühle, 1 Apfel
1 rote Paprikaschote, 150 g gedünsteter Lauch
2 altbackene Semmeln, 3 Eier
300 g Chester (Cheddar)-Käse
2 EL mittelscharfer Senf, 2 Bund Bärlauch
1/4 l Geflügelbrühe, 1/8 l süße Sahne (Obers)
1/8 l trockener Weißwein, 30 – 40 g Stärkemehl
1 Msp. Zucker, Zahnstocher, Küchengarn

◗ Die Putenbrust kalt abspülen, innen und außen gut mit Küchenpapier trockentupfen, dann mit Salz sowie Pfeffer kräftig würzen.

◗ Apfel und Paprika waschen, putzen, von den Kernen befreien und fein würfeln. Mit dem Lauch mischen. Die Semmeln in kaltem Wasser einweichen, ausdrücken und zum Gemüse geben.

◗ Mit einem Ei, Salz, Pfeffer und ca. 150 g sehr fein gewürfeltem Käse verkneten. Die Putenbrust damit füllen, die Öffnung mit Zahnstochern zustecken und kreuzweise mit Küchengarn zubinden.

◗ Den Backofen auf 190 – 210 °C vorheizen.

◗ Die Putenbrust in einen halbhohen, hitzebeständigen Bräter oder in eine geeignete Glasform legen. Mit ca. 1/4 l Wasser aufgießen und ca. 90 – 100 Minuten braten.

◗ Zwischendurch mehrfach mit der Geflügelbrühe übergießen.

◗ Für die Käse-Bärlauch-Haube den restlichen Käse fein reiben, mit Senf, 2 Eigelben und gewaschenem, trockengetupften sowie fein gehacktem Bärlauch zu einer geschmeidigen Paste verrühren.
Etwa 15 Minuten vor Ende der Bratzeit die Putenbrust damit überziehen.

◗ Den Braten aus dem Backofen nehmen, auf eine Platte

geben, warm stellen. Den Bratenfond in einen Kochtopf umfüllen, mit Wein sowie Sahne verrühren, aufkochen.
Mit kalt angerührtem Stärkemehl binden, dann kräftig würzen und mit 1 Prise Zucker abschmecken.

Beilage:
Geröstete Kartoffeln (Erdäpfel), gedünsteter Broccoli oder grüner Salat.

GEBACKENE CHAMPIGNONS MIT BÄRLAUCH-FÜLLUNG

<u>Gemüsezutaten</u>:
16 große Champignons, 2 EL Zitronensaft
1 Knoblauchzehe, ca. 100 g frischer Bärlauch
Salz, frisch gem. Pfeffer, 50 – 60 g Butterschmalz
<u>Ausbackteig</u>:
125 g Mehl, 125 g Stärkemehl, 4 Eier
1/4 l Bier, 500 g Butterschmalz

▶ Die Champignons kurz abbrausen, und mit Küchenpapier trockentupfen. Die Stiele vorsichtig herausdrehen, dann die Öffnungen mit Zitronensaft bepinseln.

▶ Die Knoblauchzehe schälen, durchpressen. Den Bärlauch sehr gut waschen, die Stielansätze abschneiden, die Blätter in einer Salatschüssel schleudern und ggf. mit Küchentüchern trockentupfen. Sehr fein hacken, dazu am besten ein Wiegemesser einsetzen.

▶ Zusammen mit dem Knoblauch in heißem Butterschmalz dünsten und in die vorbereiteten Pilzköpfe füllen.

▶ Aus Mehl, Stärkemehl, Eigelb sowie Bier einen Teig anrühren. Hierzu am besten den Elektroquirl mit Schlägern einsetzen.

Das Eiweiß separat steif schlagen, unter die Teigmasse ziehen.

▶ Das Butterschmalz in einem hohen Topf erhitzen, die Champignons einzeln in den Teig eintauchen und im heißen Fett goldgelb ausbacken.

ZUCCHINI-BÄRLAUCHGEMÜSE

750 g gelbe und grüne Zucchini
15 – 20 g Bärlauch, 2 EL kaltgepreßtes Olivenöl
2 EL Butter, Salz, weißer Pfeffer
Cayennepfeffer, etwas frischer Dill

▶ Die Zucchini waschen, trockenreiben, Blüten- und Stielansatz abschneiden, dann würfeln.

▶ Den Bärlauch gründlich waschen, trockentupfen und fein hacken.

▶ Das Öl mit der Butter in einem halbhohen Topf erhitzen, die Zucchiniwürfel hineingeben und unter beständigem Umrühren bei mittlerer Hitze garen.

▶ Kräftig abschmecken, zuletzt den Bärlauch unterziehen, kurz miterhitzen, dann das Gemüse mit Dill garniert servieren.

BRUNNENKRESSE-SALAT MIT BÄRLAUCHSTREIFEN

100 – 125 g junge Brunnenkresse
8 – 10 junge Bärlauchblätter
2 Orangen
8 dünne Scheiben magerer, durchwachsener Frühstücksspeck
2 Scheiben altbackenes Weißbrot
2 TL Sonnenblumenöl
4 EL Mayonnaise z.B. von Thomy
2 – 3 EL Orangensaft
Salz, gem. weißer Pfeffer
1 TL mittelscharfer Senf nach Belieben

- Die Brunnenkresse-Blättchen von den Stielen abzupfen und kalt abbrausen, dann vorsichtig trockentupfen. Den Bärlauch ebenfalls abtrocknen und in schmale Streifen schneiden.
- Die Orangen schälen, zerteilen und mit Hilfe eines scharfen Messers filetieren.
- Das Weißbrot in 1 x 1 cm große Würfel zerteilen. Den Speck in feine Streifen schneiden und – am besten in einer beschichteten Pfanne – knusprig ausbraten. Aus der Pfanne nehmen und zum Abtropfen auf Küchenpapier legen. Im verbleibenden Fett, evtl. unter Zugabe von etwas Öl, das Weißbrot goldbraun rösten.
- Brunnenkresse mit Bärlauch mischen und auf Tellern anrichten, dann die Orangenfilets dekorativ dazulegen, Speck- sowie Brotwürfel darüberstreuen.
- Mayonnaise mit Orangensaft und – nach Belieben – mit Senf glattrühren, würzen. Gleichmäßig über die Salatzutaten verteilen, sofort servieren.

THOMY

KARTOFFELGRATIN MIT BÄRLAUCH-KÄSEKRUSTE

1 Knoblauchzehe
Butter für die Form
1 kg mehlig kochende Kartoffeln (Erdäpfel)
Salz, weißer Pfeffer
1/2 Bund Bärlauch (ca. 50 g)
100 g ger. Emmentaler-Käse
200 ml süße Sahne (Obers)
30 g Butter

- Die Knoblauchzehe schälen, halbieren und eine größere, halbhohe Auflaufform damit ausreiben, dann einfetten.
- Die Kartoffeln schälen, in dünne, gleichmäßige Scheiben schneiden und kalt waschen, dann sehr gut abtropfen lassen.
- Eine Hälfte in die Form geben. Mit Salz und Pfeffer würzen. Etwa 20 g Käse darüber streuen.
- Die restlichen Kartoffelscheiben einschichten, erneut würzen.
- Den Bärlauch gründlich waschen, dann trockenschleudern und sehr fein hacken. Mit dem restlichen Käse mischen und über die Kartoffeln verteilen. Die Sahne darüberträufeln und Butterflöckchen aufsetzen, dann das Gratin bei 200 – 220 °C in ca. 50 – 60 Minuten in der Mitte des Backofens goldbraun zubereiten.

Beilage:

Tomatensalat mit Frühlingszwiebeln oder ein gemischter Blattsalat.

Variaton:

Für ein Krabben-Kartoffelgratin geben Sie auf die eingeschichteten Kartoffeln ca. 375 g gewaschene, gut trockengetupfte, frische Krabben. Diese harmonieren auch sehr gut mit der Bärlauchkruste.

KARTOFFEL(ERDÄPFEL)-BÄLLCHEN MIT FRISCHEM BÄRLAUCH

1 kg mehlig kochende Kartoffeln (Erdäpfel)
ca. 20 frische Bärlauch-Blätter, 50 g Butter
ca. 300 ml heiße Milch, Salz, weißer Pfeffer
frisch ger. Muskatnuß
einige Bärlauch-Blätter als Dekoration

- Die Kartoffeln schälen, in Stücke schneiden, dann waschen und in kaltem Salzwasser aufsetzen, dann garkochen.
- Den Bärlauch gründlich waschen, trockenschleudern oder trockentupfen und zerhacken. Beiseite stellen.
- Die Kartoffeln abgießen, anschließend durch eine Presse drücken. Die Masse in eine Rührschüssel geben. Die Butter in heißer Milch auflösen, zusammen mit den Gewürzen zu den Kartoffeln geben und mit dem Elektroquirl mit Schlägern zu einem eher festen Püree verrühren.
- Zuletzt den Bärlauch dazugeben, gleichmäßig unterziehen, kurz durchziehen lassen, dann aus der Masse mit Hilfe von 2 Eßlöffeln Bällchen formen, diese auf einer vorbereiteten Platte, die mit frischem Bärlauch ausgelegt wurde, anrichten und sofort servieren.

Tipp:
Dieses Kartoffelgericht passt zu gegrilltem Fleisch vom Rind oder Lamm, es läßt sich aber auch gut zu gebratenem Fisch servieren. Am besten reichen Sie dazu einen leichten Weißwein.

OMELETT MIT BÄRLAUCH UND SCHAFKÄSE

Für 1 Portion:
2 Eier, 1/4 TL Salz, frisch gem. Pfeffer
100 g Schafkäse
1 EL grob gehackter Bärlauch, 30 g Butter

Die Eier in eine Rührschüssel schlagen, salzen und pfeffern, dann gut verquirlen. Hierzu am besten den Elektroquirl mit Schlägern einsetzen.

Den Schafkäse in feine Würfel zerteilen. Zusammen mit dem Bärlauch unter die Eier mischen.

Die Butter in einer Pfanne erhitzen, die Eiermischung dazugeben, dann die Hitze etwas reduzieren.

Das Omelett langsam festwerden lassen, eventuell noch wenden und auf der zweiten Seite braten. Auf einen Teller geben, umklappen. Sofort servieren.

Beilage:

Frisches Weißbrot, Salat.

RÜHREIER MIT SPECK, BÄRLAUCH UND KÄSE

6 große Eier, 5 – 6 EL Milch oder Mineralwasser
Salz, weißer Pfeffer, Tabasco
12 frische Bärlauch-Blätter
100 g magerer, durchwachsener Speck
1 EL Butter oder Margarine
50 g geriebener Käse (Gouda oder Emmentaler)

Die Eier in einer Rührschüssel aufschlagen, Milch oder Mineralwasser, Gewürze und einige Tropfen Tabasco dazugeben, dann mit dem Elektroquirl mit Schlägern kräftig durchmixen.

Den Bärlauch gründlich waschen, trockentupfen, die Stielenden abschneiden, dann fein hacken.

Den Speck sehr klein würfeln, unter Zugabe von etwas Fett in einer größeren Pfanne auslassen, die Eimasse dazugeben, kurz erhitzen, dann Käse und Bärlauch darüber verteilen und die Mischung unter beständigem Wenden sowie Zerdrücken zu Rührei verarbeiten.

Auf vorgewärmten Tellern servieren.

Tipp:

Zu dieser Rührei-Variation können Sie frisches Brot und einen gemischten Salat oder in der Schale gekochte Kartoffeln (Erdäpfel) servieren.

BÄRLAUCH-SPAGHETTI

500 g Spaghetti, 30 g frischer Bärlauch
2 – 3 EL kaltgepreßtes Olivenöl, 1 Zwiebel
150 g geraspelter Käse z.B. Gouda
Salz, frisch gem. Pfeffer, 80 g Pinienkerne

- Die Spaghetti in reichlich gesalzenem Wasser „al dente" kochen, dann abgießen.
- Gewaschene, trockengetupfte Bärlauchblätter kleinschneiden, dann mit 2 EL Olivenöl zu einer Paste verrühren.
- Die Zwiebel schälen, dann würfeln und im restlichen Öl in einer Pfanne glasig dünsten, den Käse dazugeben, kurz anschmelzen lassen, dann die Spaghetti untermischen.
- Die Pinienkerne in einer zweiten Pfanne (ohne Öl) kurz anrösten.
- Zusammen mit der Bärlauchpaste über die heißen Spaghetti geben. Gut durchrühren und sofort servieren.

Beilage:
Gedünstetes Gemüse z.B. Zucchini oder ein knackiger Sommersalat.

SPECKKNÖDEL MIT FRISCHEM BÄRLAUCH

1 mittelgroße Zwiebel, 20 g Butter
300 g altbackenes Weißbrot oder
Knödelbrot gleicher Menge
125 g kleingewürfelter, magerer Speck
3 Eier, 1/8 l Milch, ca. 2 EL Mehl
1 EL weiche Butter, 3 EL geh. frischer Bärlauch
Salz, weißer Pfeffer

- Die Zwiebel schälen und in der Butter glasig dünsten. Das Weißbrot sehr fein schneiden, mit Speck und Zwiebeln mischen.
- Die Eier mit der Milch ver-

quirlen, über das Weißbrotgemisch geben.

- Mehl, Butter, Bärlauch sowie Gewürze hinzufügen und alles gut durchmischen, dann ca. 20 Minuten durchziehen lassen.
- Inzwischen reichlich Salzwasser erhitzen. Mit nassen Händen 8 gleichgroße Knödel formen, diese vorsichtig in das heiße Wasser gleiten lassen, die Kochstelle herunterschalten, dann die Knödel noch ca. 10 – 15 Minuten garen. Abgießen und servieren.

Tipp:

Diese Knödel passen gut zu gebratenem Schweinefleisch. Als Beilage können Sie dann einen Krautsalat reichen.

SOMMERLICHE BÄRLAUCH-PIZZA

Teig:
250 g Mehl, Salz, 15 g frische Hefe (Germ)
6 – 8 EL lauwarmes Wasser
1 Prise Zucker, 4 – 5 EL Öl
Belag:
2 EL Tomatenmark
250 g frische, vollreife Tomaten
1 grüne Zucchini, 1 gelbe Zucchini
3 – 4 EL Bärlauch-Pesto (Rezept s. S. 9)
Salz, weißer Pfeffer, Oregano
125 g ger. Emmentaler

- Das Mehl in eine Rührschüssel geben, in die Mitte eine Vertiefung eindrücken, die Hefe hineinbröckeln und mit Wasser, Zucker sowie etwas Mehl verrühren. Mit einem trockenen Tuch zugedeckt bei Raumtemperatur ca. 20 – 30 Minuten gehen lassen.
- Das Öl dazugeben und die Mischung zu einem geschmeidigen Teig verkneten, der sich gut vom Schüsselrand lösen muss. Hierzu am besten den Elektroquirl mit Knetern oder die Küchenmaschine einsetzen.
- Den Backofen auf 230 – 250 °C vorheizen.
- Für den Belag die Tomaten waschen, trockenreiben und aufschneiden. Die Zucchini ebenfalls waschen, an beiden Enden abschneiden, dann in dünne Scheiben zerteilen.
- Den Hefeteig auf einem Backblech ausrollen, mehrfach mit einer Gabel einstechen, dann dünn mit Tomatenmark bestreichen und das Bärlauch-Pesto darüber verteilen.
- Tomaten- sowie Zucchinischeiben auflegen, würzen und die so vorbereitete Pizza mit Käse bestreuen.
- In ca. 15 – 20 Minuten im bereits vorgeheizten Backofen abbacken. Noch heiß in Stücke teilen, dann servieren.

Beilage:
Zu dieser Pizza reichen Sie am besten einen gemsichten Salat mit Rucola oder Radicchio. Ein trockener Rotwein rundet den Geschmack ab.

SCHINKEN-BÄRLAUCH-QUICHE

Teig:
200 g Mehl
1/2 TL Salz, 1 TL Backpulver
100 g Quark (Topfen) mit 20 % Fettgehalt
4 EL Milch, 4 – 5 EL Öl
Belag:
300 – 400 g gekochter Schinken im Ganzen
100 g Bärlauchblätter
200 g saure Sahne (Rahm), 3 – 4 Eier, Salz
weißer Pfeffer, Cayennepfeffer
100 g ger. Käse, z.B. Emmentaler
Für die Form:
Butter, Semmelbrösel

- Das Mehl in eine Rührschüssel sieben und mit Salz sowie Backpulver mischen. Quark, Milch und Öl hinzufügen und alles unter Verwendung des Elektroquirls mit Knetern zu einem geschmeidigen Teig verarbeiten. Mit Folie zugedeckt mindestens 30 Minuten lang kühl stellen.
- Inzwischen den gekochten Schinken in größere Würfel schneiden. Den Bärlauch gründlich waschen, trockentupfen, dann die harten Stielenden entfernen und die Blätter grob hacken. Aus saurer Sahne, Eiern, Gewürzen und Käse einen geschmeidigen Guß anrühren.
- Den Backofen auf 180 – 200 °C vorheizen.
- Den Teig auf bemehlter Arbeitsfläche ausrollen, in eine gefettete Springform (Ø 26 cm) geben und dabei einen ca. 2 cm hohen Rand formen. Den Boden mehrmals mit einer Gabel einstechen, dann mit Semmelbrröseln ausstreuen.
- Den Schinken auflegen, darüber den Bärlauch verteilen und zuletzt den Guß über die Zutaten geben.
- Die Quiche in 45 – 55 Minuten im unteren Drittel des Backofens goldbraun backen.
- Die Form herausnehmen, ausdampfen lassen, die Quiche

vorsichtig herauslösen und lauwarm servieren.

Beilage: Gemischter Salat und ein junger Weißwein z.B. ein „Vino verde“ aus Portugal.

BÄRLAUCH-TORTILLA

100 g Bärlauch
1 große Zwiebel
3 – 4 Knoblauchzehen
600 g vorwiegend festkochende Kartoffeln (Erdäpfel)
5 – 6 EL kaltgepreßtes Olivenöl, 8 Eier
Salz, frisch gem. Pfeffer
1 TL Paprikapulver
1/2 TL Cayennepfeffer
1/2 Tasse süße Sahne (Obers) nach Belieben

- Den Bärlauch gründlich waschen, dann trockenschleudern und fein hacken. Zwiebeln und Knoblauch schälen, kleinwürfeln.
- Die Kartoffeln ebenfalls schälen, waschen, fein hobeln und in eine große, weite Pfanne mit heißem Öl geben. Unter beständigem Wenden bei mittlerer Einstellung ca. 10 – 12 Minuten lang braten.
- Bärlauch, Knoblauch sowie Zwiebeln dazugeben und 2 – 3 Minuten weiterbraten.
- Inzwischen die Eier mit den Gewürzen verquirlen, nach Belieben Sahne dazugeben. Über die Kartoffeln in die Pfanne gießen. In ca. 5 – 6 Minuten bei schwacher Hitze stocken lassen. Die Tortilla auf einen flachen Topf- oder Pfannendeckel gleiten lassen, umstürzen und wieder in die Pfanne geben.
- Nochmals 5 – 6 Minuten braten, dann in Tortenstücke zerteilen und servieren.

Tipp:
Zur Bärlauch-Tortilla servieren Sie am besten einen Tomatensalat und ein kühles Bier.

Variation:
Sie können das Gericht auch aus vorgekochten Kartoffeln zubereiten. Diese dann in größere Stücke oder Scheiben schneiden, kurz anbraten und wie beschrieben würzen, dann fertigbacken. Die Zutatenmenge bleibt gleich.

WISSENSWERTES ÜBER KNOBLAUCH

Herkunft

Die einen singen ein Loblied auf ihn, die anderen wissen, dass er gesund ist, haben jedoch großen Respekt vor seinem Geruch.

So beschäftigt der Knoblauch, mancherorts auch „Knofel" genannt, die Menschheit seit mehr als 4000 Jahren.

Als Verwandter der Küchenzwiebel gehört er zu den ältesten Kulturpflanzen der Welt. Seine Heimat liegt in Zentralasien. Vermutlich haben ihn die Mongolen auf ihren Streifzügen von dort aus in entlegenere Länder gebracht, so dass man ihn heute in der Mittelmeerküche, aber auch in Persien oder China ganz selbstverständlich verwendet.

Schon der griechische Philosoph Pythagoras war der duftenden Knolle verfallen, er pries ihr Aroma und nannte sie sogar „Königin der Gewürze".

Sorten und Aufbewahrung

Je nach Sorte sind die Knollen weiß, violett oder rötlich. Der Handel bietet den Knoblauch als Frischware mit noch grünen Stielen an. Er ist etwas zarter und milder als der üblicherweise erhältliche, getrocknete Knoblauch. Rosafarbene oder weiße Knollen unterscheiden sich bezüglich des Geschmacks nur unwesentlich. In jedem Fall sollte man die Zwiebeln kühl und trocken sowie gut belüftet aufbewahren. Eine Lagerung im Kühlschrank ist somit nicht zu empfehlen. Allgemein gilt: je frischer die Zehen, desto milder. Ältere Knollen sind schärfer, sobald sie auskeimen, verlieren sie ihren typischen Geschmack.

Knoblauchgeruch vermeiden

Gegen allzu starken „Knoblauch-Atem“ gibt es zahlreiche Methoden, die individuell auszuprobieren sind:

- nach dem Essen frischen Zitronensaft trinken
- Nelken, Fenchel oder Petersilie kauen
- warme Milch mit Honig trinken oder
- stets Rotwein zum Essen genießen

Die Knoblauchküche

Knoblauch paßt gut zu Lamm- oder Schweinefleisch, aber auch zu Fisch und Geflügel (Hähnchen, Pute). Mit einer durchgeschnittenen Zehe kann man Salatschüsseln oder Gratinformen ausreiben und so den Gerichten ein leichtes Knoblaucharoma geben. Darüber hinaus gehört er in Eintöpfe, zu Pesto oder Aioli, in Suppen oder zahlreiche asiatische Gerichte aus dem Wok oder der Pfanne.

Er lässt sich gut in Olivenöl einlegen oder ganz einfach auf einem gerösteten Brot genießen. Manche Gemüsesorten wie Spinat, Zucchini oder Paprika schmecken intensiver, wenn sie mit frisch gepreßtem Knoblauch abgerundet werden. So ist der Zugabe der köstlichen Knolle zu vielen Gerichten nahezu keine Grenze gesetzt. Dabei kann man sie schälen und pressen oder kleinhacken, auch zerdrücken oder einfach nur in feine Scheiben schneiden. Damit der Geruch nicht an den Händen verbleibt, diese stets unter kaltem Wasser waschen.

KNOBLAUCH-PÜREE

10 Knoblauchknollen, 2 EL Crème fraîche
Salz, frisch gem. weißer Pfeffer

- Die Knoblauchknollen in einzelne Zehen zerlegen, diese dann enthäuten und anschließend in wenig Wasser gut zugedeckt ca. 10 – 12 Minuten garen.
- Abgießen und durch ein grobes Sieb pressen oder im Mixer kurz pürieren.
- Zuletzt die Crème fraîche unterziehen und das Püree kräftig würzen.

Tipp:
Das Knoblauch-Püree wird in den Ländern rund ums Mittelmeer gerne kalt zu frittierten Tintenfischringen oder gegrillten Krabben serviert. In Frankreich gilt es als klassische Beigabe zu Schweine- oder Wildbraten.

BURGENLÄNDER KNOBLAUCHSUPPE

200 g Wurzelgemüse (Karotten, Sellerie, Lauch)
2 EL Butter, Salz, weißer Pfeffer
50 g Butterschmalz, 1 – 2 gehackte Zwiebeln
5 gepreßte Knoblauchzehen
je 1 Prise Ingwer und Kümmel. 2 EL Mehl
1 1/4 l Fleisch- oder Geflügelbrühe

- Das Wurzelgemüse putzen, waschen und kleinschneiden. Die Butter in einem weiten Topf zerlassen, das Gemüse darin kräftig andünsten, würzen und mit der Brühe auffüllen. Etwa 20 Minuten lang kochen lassen, dann durch ein feines Sieb passieren und dabei die Brühe auffangen.
- Das Butterschmalz erhitzen, Zwiebeln sowie Knoblauch da-

rin anrösten, mit Ingwer würzen und das Mehl darüber stäuben.

◗ Die Gemüsebrühe erneut erhitzen, das Mehl-Knoblauchgemisch einrühren, nochmals abschmecken und servieren.

LEGIERTE KNOBLAUCHSUPPE MIT KNUSPRIGEN CROUTONS

1 mittelgroße Knoblauchknolle (mind. 8 – 10 Zehen)
1 Zwiebel, 1 – 2 EL Butter oder Margarine
1,2 l Gemüse- oder Geflügelbrühe
Meersalz, weißer Pfeffer, Cayennepfeffer
300 ml süße Sahne (Obers)
4 – 5 EL trockener Weißwein, 3 Eigelb (Eidotter)
2 Scheiben dunkles Mischbrot, z.B. Grahambrot
Butter, 4 EL ger. Käse (Gouda oder Emmentaler)
4 EL Rettichsprossen
2 Blätter Kopfsalat als Garnitur, in Streifen

◗ Den Backofen auf 190 – 210 °C vorheizen, dann die ungeschälte Knoblauchknolle in eine hitzebeständige Form geben und darin ca. 30 Minuten garen. Alternativ die Knolle ca. 20 – 25 Minuten in heißem Wasser kochen.

◗ Die Zwiebel schälen, fein würfeln und in einem hohen, weiten Topf in heißem Fett glasig dünsten, dann die Brühe angießen. Etwa 5 Minuten köcheln lassen.

◗ Inzwischen das Brot in kleine Würfel schneiden und in Butter rösten.

◗ Die Knoblauchknolle aus dem Backofen nehmen, ausdampfen lassen, dann in einzelne Zehen zerteilen. Diese durchpressen oder in eine Schüssel geben und pürieren. Zur Brühe geben.

◗ Die Sahne hinzufügen, kurz miterhitzen, dann den Topf von der Kochstelle nehmen, Weißwein sowie Gewürze einrühren.

Die Eigelbe mit etwas Flüssigkeit in einer Tasse verquirlen, dann die heiße Suppe damit legieren.

Die Suppe sofort auf Suppentassen oder -teller verteilen, die Croutons dazugeben. Auf jede Tasse geriebenen Käse, Rettichsprossen und in Streifen geschnittenen Kopfsalat verteilen.

Sofort servieren.

ITALIENISCHES PESTO

100 g frischer Basilikum, 50 g Pinienkerne (pinol)
30 g Parmesan, 30 g Pecorino (Schafkäse)
4 Knoblauchzehen, 150 ml kaltgepreßtes Olivenöl

- Die Basilikum-Blätter mit einem feuchten Tuch abreiben, jedoch nicht waschen.
- Die Pinienkerne in einer beschichteten Pfanne goldgelb rösten.
- Basilikum-Blätter, Pinienkerne, geschälten und gepreßten Knoblauch im Mixer pürieren oder in einem Mörser zerstoßen. Nach und nach die beiden geriebenen Käsesorten kurz untermischen.
- Zuletzt das Öl unterziehen. Die fertige Sauce soll dunkelgrün und leicht cremig sein.

AIOLI

(Knoblauchsauce)

4 – 5 Knoblauchzehen, 1 Eigelb (Eidotter)
2 TL Senf, 1 EL Essig, Salz, 1 gestr. TL Zucker
1/8 l Öl, z.B. Sonnenblumen- oder Olivenöl
Cayennepfeffer, Zitronensaft

- Den Knoblauch schälen, sehr fein hacken und in eine kleine Schüssel geben. Eigelb, Senf, Essig, Salz sowie Zucker unterziehen und zu einer dicklichen Masse verschlagen.
- Nach und nach das Öl unterziehen, bis eine cremige Sauce entsteht. Zuletzt mit Cayennepfeffer sowie Zitronensaft abschmecken.

Tipp:

Besonders gut gelingt die Mayonnaise-ähnliche Sauce, wenn man die Zutaten im Mixer verrührt. Dabei das Öl stets zuletzt in kleinen Mengen zufügen.

Die Sauce passt gut zu Fisch, auch zu Lammfleisch oder ganz einfach zu gekochten Pellkartoffeln (Erdäpfel).

„TSATSIKI"

(Griechische Joghurtcreme mit Knoblauch)

500 g Quark (Topfen), Vollfettstufe
300 g Joghurt
2 Salatgurken
1/2 Knoblauchknolle
Salz, frischer Dill

- Den Quark zusammen mit dem Joghurt in einer größeren Schüssel verrühren.
- Die Gurken schälen, der Länge nach halbieren, dann die Kerne mit einem Teelöffel herauskratzen und das Fruchtfleisch klein würfeln.
- Die Knoblauchknolle in einzelne Zehen zerteilen, diese schälen und zusammen mit den Gurkenwürfeln unter die Quark-Joghurtcreme rühren.
- Salzen, frische Dillspitzen unterziehen und die Mischung mindestens 2 Stunden lang im Kühlschrank durchziehen lassen.

Tipp:

Ein „Tsatsiki" wird in Griechenland gerne zu Grillfleisch gereicht. Dazu passt am besten ein frisches Weißbrot, z.B. ein rundes Fladenbrot.

PROVENZALISCHER GEMÜSETOPF MIT FRISCHEM KNOBLAUCH

150 g getrocknete, weiße Bohnen (über Nacht eingeweicht)
500 g Wirsing oder Weißkohl, 2 große Karotten
1 Stange Lauch, 100 g geräucherter, magerer Speck
2 große Zwiebeln
1 kleine Dose oder Packung geschälte Tomaten (ca. 225 g)
1 l Gemüse- oder Fleischbrühe, 1 – 2 Lorbeerblätter
Gewürzsalz (z.B. von Bad Reichenhaller)
Kräuter der Provence, weißer Pfeffer aus der Mühle
1/2 Bund frischer Basilikum
3 größere Knoblauchzehen, 25 g Pinienkerne (pinol)
3 – 4 EL kaltgepreßtes Olivenöl

Die über Nacht eingeweichten Bohnen mit dem Einweichwasser zum Kochen bringen und bei mittlerer Hitze ca. 1 1/4 Stunden lang köcheln lassen.

Inzwischen Wirsing oder Weißkohl waschen und in 3 cm breite Streifen schneiden. Den Lauch putzen, waschen und in feine Ringe zerteilen. Den Speck würfeln, zusammen mit den geschälten, gehackten Zwiebeln in etwas Öl knusprig anbraten, dann das Gemüse dazugeben und mitbraten.

Die Brühe angießen, unterrühren. Kleingewürfelte Tomaten mit Saft hinzufügen, die Lorbeerblätter einlegen und alles kräftig würzen. Zugedeckt ca. 20 Minuten garen.

Die Bohnen über einem Sieb abgießen, die Hälfte im Mixer pürieren und zusammen mit den restlichen Bohnen zur Gemüsesuppe geben. Bei mittlerer Hitze ca. 20 Minuten weiterköcheln lassen.

In der Zwischenzeit die Basilikumblätter waschen, trockentupfen und grob zerkleinern. Den Knoblauch schälen, fein hacken. Die Pinienkerne in ei-

ner beschichteten Pfanne goldgelb anrösten. Diese Zutaten mit dem restlichen Öl vermischen und in den letzten Kochminuten zur Suppe geben. Gleichmäßig unterrühren, dann die Kochstelle ausschalten und die Suppe nur noch ziehen lassen.

- Auf vorgewärmten Tellern servieren.

Tipp:

Gehaltvoller wird der Gemüsetopf mit gerösteten Brotwürfeln. Dafür 2 Scheiben altbackenes Weißbrot entrinden, in mundgerechte Stücke schneiden, diese in ca. 3 Eßlöffeln Olivenöl goldbraun rösten, in die Teller geben und den Eintopf darüber verteilen.

WÜRZIGE LAMMFILETS MIT KNOBLAUCH UND GEMÜSEFARÇE

4 – 6 EL Olivenöl, 3 – 4 EL Mehl, 2 Eier
100 ml Milch, 1 mittlere Aubergine
1 Zwiebel, 150 g Fetakäse, 1 rote Paprikaschote
150 g Kräuterbutter z.B. von Meggle
8 frische Basilikumblättter
600 g Lammfilet (Lammrücken), Senf
3 Knoblauchzehen, Öl
Salz, weißer Pfeffer aus der Mühle

- Aus Mehl, Eiern, einer Prise Salz und Milch einen geschmeidigen Pfannkuchenteig anrühren. Etwa 15 Minuten stehen lassen.
- In der Zwischenzeit die Zwiebel schälen, in grobe Würfel schneiden, in einem EL Öl anbraten. Die Aubergine waschen, trocknen, ebenfalls würfeln und 10 Minuten bei mittlerer Hitze mitdünsten. Aubergine, Zwiebel und grob zerteilten Fetakäse im Mixer pürieren. Die rote Paprika halbieren, von den Kernen sowie Rispen befreien, dann fein würfeln. Die Basilikumblätter in Streifen schneiden. Beides mit dem Gemüse-Fetapüree mischen, kräftig abschmecken. Zuletzt 1 geschälte, gepreßte Knoblauchzehe unterrühren.
- In einer flachen, beschichteten Pfanne 1 EL Öl erhitzen und ein wenig von der Teigmasse hineingeben. Die Pfanne schwenken, damit die Masse gleichmäßig verläuft. Auf beiden Seiten goldgelb backen, dann nacheinander den gesamten Teig verarbeiten.
- Die Lammfilets kurz kalt abspülen, mit Küchenpapier trockentupfen und mit Senf einreiben. Pfeffern und mit 2 geschälten, gepreßten Knoblauchzehen würzen.
- Das Öl in einer Pfanne erhitzen, die Lammfilets von beiden Seiten je 3 Minuten darin braten, dann salzen. Den Backofen auf 210 – 230 °C vorheizen.

- Die vorbereiteten Pfannkuchen mit Kräuterbutter bestreichen, je 2 Eßlöffel von der Zwiebel-Auberginen-Masse darauf verteilen, darauf je ein Lammfilet setzen und fest einrollen.
- Eine hitzebeständige, backofenfeste Form mit etwas Butter einfetten, die Pfannkuchen-Fleischrollen hineinlegen und für ca. 12 – 15 Minuten in den Backofen geben.
- Warm servieren.

Beilage:

Gemischter Salat

ASIATISCHES KNOBLAUCHFLEISCH

500 – 600 g Rinderfilet, 300 g frischer Lauch
250 g Karotten, 4 Knoblauchzehen
1 TL brauner Zucker, 3 EL Soja-Sauce
2 EL Sherry oder Reiswein (Sake)
Salz, frischer Pfeffer aus der Mühle
Ingwer nach Belieben, 2 EL Sonnenblumenöl

◗ Das Fleisch kurz kalt abspülen und mit Küchenpapier trockentupfen, dann in feine Streifen schneiden.

◗ Die Knoblauchzehen schälen, pressen und mit Zucker, Sojasauce, Sherry oder Reiswein, Salz sowie Pfeffer und nach Belieben kleingehacktem Ingwer zu einer Marinade verrühren. Das Fleisch einlegen, alles durchmischen und ca. 1 1/2 – 2 Stunden zugedeckt an einem kühlen Ort durchziehen lassen.

◗ Den Lauch putzen, waschen und in feine Ringe schneiden. Die Karotten schälen, waschen, dann fein stifteln.

◗ In einer weiten, hitzebeständigen Pfanne (z.B. aus Email) oder in einem Wok das Öl erhitzen, das Fleisch für 3 – 4 Minuten darin kräftig braten, dann Lauch, Karotten und die Marinade dazugeben.

◗ Die Kochstelle herunterschalten und das Gericht gut zugedeckt ca. 15 – 20 Minuten garen, dabei gelegentlich wenden.

Beilage:

Basmatireis

KAROTTEN-SPAGHETTI

400 g Karotten, 3 mittelgroße Zwiebeln
2 Knoblauchzehen, 4 EL Sonnenblumen-Öl
4 EL grob gehackte Haselnüsse, z.B. von neuform
Salz, gem. weißer Pfeffer, zerstoßener Koriander
1 Prise gem. Kümmel, ca. 300 ml Orangensaft
400 g Spaghetti, 1/2 Bund glatte Petersilie

- Die Karotten putzen, waschen und mit einem Kartoffel- oder Spargelschäler in lange Streifen hobeln.
- Zwiebeln sowie Knoblauch schälen, fein würfeln.

Das Öl erhitzen, die gehackten Haselnüsse darin goldgelb braten, Zwiebel- und Knoblauchwürfel hinzufügen, glasig dünsten.

Die Möhrenstreifen hineingeben, kurz andünsten, dann mit Salz, Pfeffer, Koriander und Kümmel würzen.

- Sind die Karotten weich, den Orangensaft zugeben, unterrühren und ca. 3 Minuten weiter dünsten.
- In der Zwischenzeit die Spaghetti nach Packungsangabe „al dente" garen, abtropfen lassen und sofort zum Karotten-Nussgemisch geben.
- Mit gehackter Petersilie bestreut servieren.

GESCHMORTE POULARDE MIT KNOBLAUCH UND GEMÜSE

1 küchenfertige Poularde mit ca. 1,2 kg
Mehl zum Wenden
200 g geschälte Karotten
Salz, weißer Pfeffer, Oliven- oder Sonnenblumenöl
frischer Thymian, 4 Knoblauchzehen
4 Blättchen Zitronenmelisse, 50 ml kräftiger Rotwein
1 – 1 1/2 Tassen Fleischbrühe
100 g frische Champignons, 30 g Butter
3 Frühlingszwiebeln mit Grün

- Die Poularde unter fließendem Wasser gründlich waschen, mit Küchenpapier trockentupfen und vierteln, kräftig würzen. In Mehl wenden, überschüssiges Mehl abschütteln.
- Karotten würfeln. Das Öl in einer größeren, halbhohen Pfanne erhitzen, die Poulardenviertel darin unter mehrmaligem Wenden kräftig anbraten. Das Geflügel wieder aus der Pfanne nehmen.
- Karotten und in feine Scheiben geschnittenen Knoblauch kurz andünsten, dann Thymian und Melisse einrühren.
- Mit Rotwein sowie Brühe ablöschen, die Geflügelteile wieder hineinlegen, mit etwas Sauce überziehen und zugedeckt auf niedriger Stufe ca. 30 – 40 Minuten schmoren. Zwischendurch nachsehen, falls erforderlich noch Rotwein angießen.
- In der Zwischenzeit die Champignons putzen, große Köpfe halbieren und in Butter braten.
- Die Frühlingszwiebeln säubern, der Länge nach halbieren und in ca. 4 cm lange Stücke schneiden. Zusammen mit den Pilzen zum Geflügel geben, etwa 5 Minuten mitschmoren, dann das Gericht nochmals abschmecken.

Beilage:
Gebackene Kartoffeln oder körniger Reis, gemischter Salat.

1976

„GIGOT" LAMMKEULE FRANZÖSISCHE ART

1 Lammkeule mit ca. 1,5 kg, 4 Knoblauchzehen
Salz, frisch gem. Pfeffer
1 EL Dijon-Senf, mittelscharf, Butterschmalz

- Die Lammkeule kurz kalt abspülen und mit Küchenpapier trockentupfen, dann von allen Seiten pfeffern und mit Senf einreiben. Nach Belieben zugedeckt 1 Stunde im Kühlschrank ziehen lassen.
- Die Knoblauchzehen schälen, in Stifte schneiden und die Lammkeule damit spicken, dann erst salzen.
- Den Backofen auf 190 – 210 °C vorheizen.
- Die Lammkeule in einen länglichen Bräter geben, mit Butterschmalz-Flöckchen belegen und im unteren Drittel des Backofens ca. 70 – 80 Minuten garen. Sie soll dann innen noch leicht rosa sein.

Beilage:
Kartoffelgratin, grüne Bohnen oder frischer Spinat.

SALAT „CALABRIA"

(Gemischter Salat mit Shrimps)

1 Kopf Romanasalat, 1 kleine gelbe Paprikaschote
150 g vorgegarte, grüne Bohnen, etwas Zitronensaft
250 g frische oder aufgetaute Shrimps
3 EL Mayonnaise, 1/2 – 1 Becher Sahnejoghurt
2 TL mittelscharfer Dijon-Senf
Salz, gem. Pfeffer, 3 Knoblauchzehen
12 Cocktailtomaten, 2 hartgekochte Eier

- Den Salat putzen, gründlich waschen, gut abtropfen lassen und trockenschleudern, dann kleinschneiden.

- Die Paprikaschote waschen, trockenreiben, halbieren, von den Kernen sowie Rispen befreien und in feine Streifen schneiden.
- Die Salatzutaten zusammen mit den grünen Bohnen, den gewaschenen, gut abgetropften und mit Zitronensaft beträufelten Shrimps in einer größeren Schüssel mischen.
- Aus Mayonnaise, Joghurt, Senf, Gewürzen und dem geschälten und grob gehackten Knoblauch eine intensiv schmeckende Sauce anrühren.
- Den Salat auf vier Tellern anrichten, mit gewaschenen, halbierten Cocktailtomaten garnieren, dann erst mit der Sauce überziehen.
- Die Eier schälen, achteln und dekorativ aufsetzen, dann servieren.

Beigaben:

Stangenweißbrot und ein gut gekühlter Prosecco.

ZUCCHINI MIT KNOBLAUCH

750 g Zucchini, 5 Knoblauchzehen
4 EL kaltgepreßtes Olivenöl, Salz, weißer Pfeffer
frischer Dill

◗ Die Zucchini waschen, trockenreiben vom Stielansatz befreien und in ca. 1 cm dicke Scheiben schneiden.

◗ Das Öl in einer großen, hitzebeständigen Pfanne z.B. aus Email erhitzen, die Zucchinischeiben einlegen und unter beständigem Wenden darin ca. 4 Minuten braten.

◗ Die Hitze deutlich reduzieren, die Gemüsescheiben würzen und geschälten, durchgepreßten Knoblauch hinzufügen. Unter Rühren 2 – 3 Minuten weiterbraten, dann die Zucchinischeiben herausheben, auf Küchenpapier abtropfen lassen und lauwarm servieren.

KARTOFFEL (ERDÄPFEL)-AUFLAUF MIT KNOBLAUCH

100 ml Milch, 2 – 3 EL süße Sahne (Obers)
2 EL Mehl, 2 Eier, frischer Rosmarin
Salz, gem. weißer Pfeffer, frisch ger. Muskatnuß
2 Knoblauchzehen
500 g Kartoffeln (Erdäpfel)
50 g ger. Käse (Emmentaler oder Parmesan)
Butter und Sesamsamen für die 4 Auflaufförmchen

◗ In einer Rührschüssel Milch, Sahne, Mehl, Eier, kleingehackter Rosmarin, Salz, weißer Pfeffer, Muskatnuß sowie geschälte, frisch gepreßte Knoblauchzehen gut miteinander verquirlen. Hierzu am besten den Elektroquirl mit Schlägern einsetzen.

◗ Die Kartoffeln waschen, trockentupfen und grob raspeln. Zur Milch-Eimasse geben, gut

durchmischen, dann den Käse unterrühren.

- Den Backofen auf 170 – 190 °C vorheizen.
- 4 mittelgroße, hitzebeständige Auflaufförmchen einfetten und mit gerösteten Sesamsamen ausstreuen.
- Die Kartoffelmischung einfüllen und die restliche Flüssigkeit aus der Rührschüssel gleichmäßig darüber verteilen.
- Den Auflauf in 30 – 40 Minuten in der Mitte des Backofens zubereiten.
- Nach dem Herausnehmen kurz ausdampfen lassen, dann auf vorbereitete Teller stürzen.

Beilage:

Pürierte Gurken oder ein Tomatensalat mit frischen Zwiebeln.

GERÖSTETER KNOBLAUCH – EINE SPEZIALITÄT AUS KOREA

1 – 2 Knoblauchknollen, reichlich Butter
Salz, weißer Pfeffer
Thymian oder Oregano nach Belieben

- Die Knoblauchknolle in einzelne Zehen zerteilen, diese schälen und in 1 – 2 mm dicke Scheiben schneiden.
- Reichlich Butter in einer hochtemperaturbeständigen Pfanne z.B. aus Email oder Kupfer erhitzen. Den gesalzenen Knoblauch hineingeben, die Temperatur sofort herunterschalten und die Knoblauchscheiben rösten, dabei mehrfach einrühren. Braune, knusprige Scheiben entnehmen und auf Küchenpapier abtropfen lassen, dann nach Belieben würzen.
- Die Butter gut beobachten, damit sie nicht zu dunkel (überhitzt) wird.

Tipp:

Zu einem guten, reichhaltigen Essen wird in Korea häufig gerösteter Knoblauch serviert, den man wie eine Knabberei zwischendurch genießt. Er schmeckt wirklich köstlich.

GEDÜNSTETER SPINAT

1 kg frischer Spinat, 4 Knoblauchzehen
Salz, weißer Pfeffer, frisch ger. Muskat
Olivenöl, 2 EL Crème fraîche

- Den Spinat verlesen, mehrmals gründlich mit kaltem Wasser waschen, gut abtropfen lassen, zerpflücken oder grob schneiden.
- Die Knoblauchzehen schälen und grob hacken. Das Olivenöl in einem weiten Topf erhitzen, den Knoblauch kurz anbraten, dann den Spinat dazugeben, würzen und zugedeckt garen, bis die Blätter zusammenfallen. Dabei die Kochstelle herunterschalten.

- Gegebenenfalls zwischendurch einige Eßlöffel Wasser darüberträufeln, umrühren.
- Zuletzt die Crème fraîche unterziehen.

KNOBLAUCH-ÖL

ca. 4 Knoblauchzehen
1/2 l kaltgepreßtes Olivenöl

- Die Knoblauchzehen schälen, fein hacken oder durchpressen und in eine saubere Flasche geben. Nach und nach mit dem Öl auffüllen, dabei immer wieder gut durchrühren.

Interessant für Sie: Knoblauchessig und -öl eignet sich hervorragend vor allem für Salatsaucen. Der Essig kann auch in Marinaden und für einen Fischsud Verwendung finden. Bei der Herstellung werden die Knoblauchzehen – im Gegensatz zum Knoblauchöl – nach dem Durchziehen wieder herausgefiltert. In Knoblauchöl zu braten bedeutet, dass das feine Aroma auch auf das Bratgut übertragen wird. Sie können Knoblauch-Öl auch zum Bestreichen von gebratenem Geflügel oder zum Einlegen von diversen Gemüsen verwenden.

KNOBLAUCH-ESSIG

12 große Knoblauchzehen
Salz, 1/2 l Essig

- Die Knoblauchzehen schälen, fein zerhacken und mit Salz bestreuen.
- Den Essig aufkochen, über den Knoblauch gießen und in ein gut schließendes Gefäß geben. Etwa 2 Wochen an einem kühlen Ort durchziehen lassen, dann durchsieben und den Essig in eine Flasche umfüllen.

KNOBLAUCH-BUTTER

200 g weiche Butter, 3 Knoblauchzehen, gepresst
1/2 Bund gehackte Petersilie, weißer Pfeffer
1 TL Zitronensaft
je 1 Prise Rosmarin, Basilikum und Estragon
Salz nach Belieben, Alufolie

◗ Die Butter in eine Porzellanschüssel geben, dann mit Hilfe eines länglichen Löffels oder einer Gabel alle Zutaten untermischen.

◗ Die Alufolie auf der Arbeitsplatte ausbreiten, die Buttermischung darauf geben, mit der Folie einrollen und zum Festwerden in den Kühlschrank geben.

◗ In Scheiben geschnitten zu verschiedenen Gerichten servieren.

Tipp:

Knoblauchbutter passt zu allen gegrillten Fleischsorten, zu Pilzgerichten, aber auch zu gedünstetem Fisch.

FRANZÖSISCHES KNOBLAUCHGRATIN

12 Knoblauchzehen, 100 ml Crème fraîche
100 ml Rahm (süße Sahne)
1/2 Tasse Fleisch- oder Gemüsebrühe
Salz, Pfeffer aus der Mühle, 250 g breite Bandnudeln
1 EL Olivenöl, 1 mittelgroße Zucchini
100 g frische Champignons
1/2 Tasse trockener Weißwein, 100 g ger. Emmentaler
2 EL gehackte Walnusskerne, Butter für die Form

◗ Die Knoblauchzehen schälen, grob hacken und zusammen mit der Crème fraîche, dem Rahm sowie der Brühe in einen weiten Kochtopf geben, umrühren. Etwa 5 – 8 Minuten

köcheln lassen. Mit Salz und Pfeffer kräftig abschmecken.

▸ Die Nudeln in reichlich gesalzenem Wasser bißfest garen, abgießen und mit 1 EL Olivenöl mischen.

▸ Die Zucchini waschen, die Spitzen und den Blütenansatz abschneiden, dann die Zucchini in feine Scheiben zerteilen. Die Champignons putzen, dann blättrig aufschneiden. Beides in Weißwein ca. 3 – 4 Minuten dünsten, abtropfen lassen.

▸ Eine flache, feuerfeste Auflaufform mit Butter ausfetten. Nudeln, Gemüsescheiben und Knoblauchcreme mischen. In die Form geben, mit geriebenem Käse bestreuen, dann im Backofen – mittlere Einschubhöhe – bei 180 – 200 °C ca. 30 – 35 Minuten goldbraun überbacken.

Kurz vor dem Servieren mit gehackten Walnusskernen bestreuen.

„FETTUNATA"

(Knoblauchbrot)

8 Scheiben Weißbrot, je nach Größe
4 Knoblauchzehen, 4 EL kaltgepreßtes Olivenöl
Salz, frisch gem. weißer Pfeffer

▶ Das Weißbrot grillen oder toasten. Inzwischen die Knoblauchzehen schälen und sehr fein hacken oder durchpressen. Das noch heiße Brot damit gleichmäßig bestreichen.

▶ Jede Scheibe mit Olivenöl beträufeln, dann salzen sowie pfeffern. Warm servieren.

Tipp:

Sie können zusätzlich auch frisch gehackte Kräuter wie Petersilie, Oregano oder Thymian auf die Brotscheiben geben.

WISSENSWERTES ÜBER ZWIEBELN

Die Zwiebeln sind, wie Bärlauch oder Knoblauch, eine wahre „Naturapotheke". Schon seit Jahrtausenden gelten sie als nahrhaftes Gemüse und sind als Heilpflanze oder Kraftspender geschätzt sowie begehrt. Ursprünglich in Mittelasien aufgewachsen, hat die Zwiebel ihren Siegeszug über fast alle Kontinente dieser Welt gewonnen. Es wurden einige Sorten kultiviert, die sich vornehmlich in ihrem Aussehen, vor allem aber auch durch ihren Gehalt an Zucker sowie ätherischen, schwefelhaltigen Ölen voneinander unterscheiden. Letztere sind der Grund dafür, warum beim Verarbeiten das bekannte Augentränen auftreten kann.

Frühlingszwiebeln zeichnen sich durch ein besonders feines Aroma aus. Nicht nur die Knollen, auch die Stengel lassen sich verarbeiten. Besonders in der asiatischen Küche sind sie sehr begehrt und gelten in China als wichtigste Gemüsesorte. Große Gemüsezwiebeln sind eher mild. Sie können bis

zu 200 g schwer sein und werden daher gefüllt oder kleingeschnitten zu Suppen verarbeietet. Die weit verbreiteten Küchen- oder Gewürzzwiebeln bilden die größte Gruppe der hiesigen Gemüseart. Sie sind in der Regel ausgereifte, gelbfleischige Trockenzwiebeln mit bräunlicher Schale. Im Gegensatz zu den beiden vorher genannten Sorten lassen sie sich gut an einem kühlen, trockenen Ort lagern. Rote oder violette Zwiebeln stammen aus südeuropäischen Ländern. Sie haben einen würzigen, eher milden und wenig scharfen Geschmack. Man genießt sie bevorzugt roh in Salaten. Die kleinen, zarten Schalotten sind in Feinschmeckerkreisen besonders beliebt. Sie fallen durch ihren zarten, pikant-würzigen Geschmack auf. Die Schale läßt sich allerdings nur mit Mühe abziehen. Schalotten passen gut zu Salaten, Saucen oder Fleischgerichten. Weiße Zwiebeln kommen häufig aus Amerika, wo sie viel Sonne auftanken können. Daher ist ihr Geschmack mild. So sind sie eine ideale Beilage zu gedünstetem Fisch.

Tipps für die Zwiebelküche

- Kaufen Sie nur ungekeimte Zwiebeln. Diese dann zu Hause am besten in einem luftdurchlässigen Korb aufbewahren. Verdorbene Ware sofort aussortieren, sonst werden auch die anderen Zwiebeln angegriffen.
- Zwiebeln nicht im Kühlschrank, sondern an einem kühlen, trockenen Ort aufbewahren.
- Schneiden Sie die Zwiebeln erst kurz vor dem Gebrauch, damit das volle Aroma dem Gericht zugute kommt.
- So wird aufgeschnitten:
  - die geschälte Zwiebel der Länge nach durchschneiden
  - in schmalen Abständen senkrecht durchtrennen, dabei die Wurzel ganz lassen und anschließend
  - waagrecht bis zur Wurzel einschneiden. Zuletzt in Würfel zerteilen.
- Den lästigen Geruch an den Händen können Sie durch Zitronensaft entfernen. Die Hände stets mit kaltem Wasser waschen.

GRATINIERTE ZWIEBELSUPPE

500 g Gemüsezwiebeln, 1 Knoblauchzehe
2 EL Butter, 200 ml trockener Weißwein
1 l Fleischbrühe, Salz, gem. weißer Pfeffer
etwas frischer Estragon, 4 – 8 Baguettescheiben
100 g geriebener Gouda-Käse

- Die Zwiebeln schälen und in Ringe schneiden.
- Den Knoblauch schälen, dann fein hacken. Zusammen mit den Zwiebelringen in heißer Butter glasig dünsten.
- Mit Weißwein ablöschen, dann etwas einkochen lassen.
- Die Brühe angießen, weitere 15 Minuten zugedeckt köcheln lassen, dabei gelegentlich umrühren. Den Backofen auf 210 – 230 °C vorheizen. Mit Salz, Pfeffer sowie Estragon abschmecken.
- Die Zwiebelsuppe in backofenfeste Suppentassen füllen.
- Die Baguettescheiben dick mit geriebenem Käse bestreuen, auf die Suppe geben und im inzwischen vorgeheizten Backofen in ca. 10 – 12 Minuten goldgelb überbacken. Heiß servieren.
- Nach Belieben mit etwas Estragon bestreuen.

ZWIEBELSUPPE MIT ROQUEFORT-CROUTONS

800 g Gemüsezwiebeln
30 g Butter oder Margarine, 1 EL Vollkornmehl
ca. 900 ml Gemüsebrühe z.B. aus Extrakt (Reformhaus)
2 EL Zitronensaft, Salz, schwarzer Pfeffer
4 Scheiben dunkles Misch- oder Grahambrot
125 g Roquefort-Käse, 1 – 1 1/2 EL Crème fraîche

Die Zwiebeln schälen, in Ringe schneiden, dann in heißem Fett glasig dünsten und gleichmäßig mit dem Mehl bestäuben.

▶ Die Brühe unterrühren, aufkochen und bei niedriger Stufe ca. 5 – 8 Minuten weiterköcheln lassen.

▶ Mit Zitronensaft, Salz sowie Pfeffer abschmecken.

▶ Das Brot toasten oder in einer Pfanne rösten. Den Roquefort-Käse in der Verpackung kurz in warmes Wasser legen, dann mit einer Gabel zerdrücken und mit der Crème fraîche verrühren. Die Brotscheiben mit der Käsemasse bestreichen, die Suppe auf vier tiefe Teller verteilen, mit je einer Brotscheibe belegen und unter dem vorgeheizten Grill im Backofen ca. 2 – 3 Minuten goldbraun gratinieren.

Die Suppe vorsichtig entnehmen und heiß servieren.

KÄSESUPPE MIT FRÜHLINGSZWIEBELN

40 g Butter, 40 g Mehl, 1 l kalte Fleischbrühe
200 g mittelalter Gouda-Käse, 2 EL Crème fraîche
Salz, weißer Pfeffer, frisch ger. Muskatnuss
ca. 250 g Frühlingszwiebeln, 1 EL Butter

▶ Die Butter in einem Kochtopf zerlassen, das Mehl hinzufügen und unter beständigem Rühren so lange erhitzen, bis es hellgelb ist. Nach und nach die Fleischbrühe angießen und dabei einen Schneebesen einsetzen, damit keine Klümpchen entstehen. Aufkochen, dann ca. 5 – 7 Minuten auf niedriger Stufe weiterköcheln lassen.

▶ Den Käse in Würfel schneiden, zur Flüssigkeit geben, unter Rühren weiterkochen, bis sich der Käse gelöst hat. Die Suppe mit Crème fraîche sowie den Gewürzen abschmecken.

▶ Die Frühlingszwiebeln putzen, das Grün bis auf ca. 10 cm abschneiden, eventuell abziehen, dann in feine Ringe schneiden, gründlich waschen, trocknen und in zerlassener Butter 3 – 4 Minuten glasig dünsten.

▶ Kurz vor dem Servieren zur Suppe geben, unterziehen.

GEBACKENE ZWIEBELRINGE MIT APFELSAUCE

Ausbackteig:
100 g Weizenvollkornmehl
Meersalz, weißer Pfeffer, 1 Ei, 180 ml helles Bier
Zum Fritieren:
400 g Zwiebeln, ungehärtetes Kokosfett
Sauce:
4 kleinere, säuerliche Äpfel
1 EL Honig, 1 EL Apfelessig, Meersalz, etwas Ingwer
weißer Pfeffer aus der Mühle, 2 EL Crème fraîche

▶ Aus Weizenvollkornmehl, Salz, Gewürzen, Ei und Bier einen dickflüssigen Teig anrühren und diesen ca. 20 Minuten quellen lassen.

▶ In der Zwischenzeit die Zwiebeln schälen, in Ringe schneiden und mit Küchenpapier gut trocken tupfen.

▶ Für die Sauce die Äpfel schälen, achteln, vom Kernhaus befreien und für ca. 3 – 5 Minuten in wenig Wasser dünsten, dann pürieren. Mit Honig, Apfelessig und Gewürzen abschmecken und die Crème fraîche unterrühren. Den Backofen auf 140 – 160 °C vorheizen.

▶ Das Fritierfett erhitzen, die Zwiebelringe auf einer Gabel in den Teig tauchen, kurz abtropfen lassen und im heißen Fett goldbraun ausbacken. Die Ringe auf Küchenpapier abtropfen lassen und im Backofen warmhalten, bis die gesamte Menge ausgebacken ist.

▶ Zusammen mit der Sauce servieren.

ZWIEBELSAUCE

150 g Zwiebeln, 40 g Butter oder Margarine
40 g Mehl, 1/2 l Geflügelbrühe
Salz, edelsüßes Paprikapulver, etwas Essig
1 Prise Zucker
2 – 3 EL süße Sahne (Obers) nach Belieben

▶ Die Zwiebeln schälen, in Ringe schneiden, dann in heißem Fett glasig dünsten, herausnehmen. Das Mehl zugeben, unter ständigem Rühren hellgelb anbräunen und die Mischung langsam mit kalter Brühe ablöschen. Aufkochen, die Zwiebeln wieder dazugeben und ca. 10 Minuten bei niedriger Stufe garziehen lassen.

▶ Zuletzt die Sauce mit Salz, Paprikapulver, etwas Essig und einer Prise Zucker abschmecken. Nach Belieben mit Sahne verfeinern.

Tipp:

Die Zwiebelsauce passt gut zu gebratenem oder gekochtem Rindfleisch.

CURRY-ZWIEBELRELISH

750 g Zwiebeln
30 g Butter oder Margarine
1 TL Ingwerpulver oder 25 g frische Ingwerwurzel
4 TL Currypulver, 60 g Kandiszucker
1/8 l trockener Weißwein, 6 EL Weinessig
Salz, weißer Pfeffer

- Die Zwiebeln schälen, in feine Würfel schneiden. Das Fett erhitzen, die Zwiebeln hineingeben und unter beständigem Rühren glasig dünsten.
- Mit Ingwer abrunden oder den frischen Ingwer schälen und kleingehackt dazugeben. Curry sowie Kandis hinzufügen, kurz andünsten.
- Mit Weißwein sowie Essig ablöschen, dann unter gelegentlichem Umrühren bei niedriger Stufe fortkochen, bis die Mischung dickflüssig geworden ist.
- Zuletzt das Relish mit Salz und Pfeffer abschmecken, dann in vorbereitete Gläser füllen und diese sofort verschließen.

Tipp:

Ein Relish soll in der Regel süßsauer schmecken und wird aus Gemüse unter Verwendung von Zucker zubereitet. Es passt gut zu gegrilltem Fleisch vom Rind, Schwein oder Kalb, aber auch zu Fondue, besser noch zu gedünstetem Fisch, dezenten Aufläufen sowie Gratins. Das Curry-Zwiebelrelish können Sie aber auch – zusammen mit frischem oder getoastetem Weißbrot – als raffinierte Vorspeise servieren.

RAFFINIERT GEFÜLLTE ZWIEBELN

4 große oder 8 mittlere Gemüsezwiebeln
1/2 l Gemüsebrühe, Essig, Salz, weißer Pfeffer
2 mittelgroße Karotten, 100 g Tofu, 1 Ei
1 – 2 EL Semmelbrösel
2 EL geröstete Sonnenblumenkerne
Salz, zerstoßener Koriander
2 EL ger. Käse z.B. Emmentaler
1/4 l Gemüsebrühe, Butter für die Form

- Die Zwiebeln schälen und in 1/2 l heißer Gemüsebrühe, die mit einem Schuss Essig sowie den Gewürzen versetzt wurde, ca. 10 Minuten garen. Aus der Brühe heben, kurz ausdampfen lassen, dann die Deckel abschneiden und die Zwiebeln aushöhlen. Das Zwiebelfruchtfleisch fein würfeln.
- In der Zwischenzeit die Karotten schälen, grob reiben. Den Tofu zerbröseln, in eine Schüssel geben und mit Ei, Semmelbröseln, gerösteten Sonnenblumenkernen, Gewürzen und dem gewürfelten Zwiebelfruchtfleisch gleichmäßig vermischen.
- Die Masse in die Zwiebeln geben, diese in eine hitzebeständige und mit Butter eingefettete Auflaufform setzen und mit geriebenem Käse bestreuen.
- Die Deckel dazulegen, Gemüsebrühe angießen und die Form in die Mitte des Backofens setzen.
- Bei 200 – 220 °C ca. 30 Minuten garen und goldbraun überbacken.

Beilage:

Frisches Baguette oder ein duftiger Basmati-Reis.

RINDLFEISCH-GULASCH MIT SCHALOTTEN-ROTWEINSAUCE

1 kg Rindfleisch
150 g durchwachsener Speck, 2 – 3 EL Öl
Salz, schwarzer Pfeffer aus der Mühle
1 TL edelsüßes Paprikapulver, 500 g Schalotten
1 – 1 1/2 EL Mehl, frischer Thymian
625 ml gehaltvoller, trockener Rotwein
2 – 3 EL Crème fraîche, 1 EL kalte Butter

- Das Fleisch kurz kalt abspülen, mit Küchenpapier trockentupfen und in 5 – 6 cm große Stücke schneiden. Den Speck würfeln, in heißem Öl ausbraten, die Fleischstücke dazugebene und unter beständigem Wenden von allen Seiten anbraten. Kräftig würzen.
- Die Schalotten abziehen, grö-

ßere halbieren oder vierteln, zum Fleisch geben und mitdünsten lassen. Das Mehl darüber stäuben, unterrühren und weiterdünsten. Gewaschenen Thymian zugeben.

◗ Etwa 1/2 l Rotwein angießen, gut verrühren und das Fleisch nun zugedeckt ca. 1 1/2 Stunden auf niedriger Stufe schmoren lassen.

◗ Gegen Ende der Garzeit den Thymian herausnehmen, den restlichen Rotwein angießen, Crème fraîche unterziehen, nochmals abschmecken und mit kalter Butter leicht abbinden.

Beilage:

Bandnudeln, frischer Spinat.

PORTWEINZWIEBELN

1 kg mittelgroße Zwiebeln
kochendes Wasser, 1/4 l Rotweinessig
250 g Zucker, 1 TL Salz, 8 Blatt Salbei
4 Lorbeerblätter, 20 g geschälter Ingwer, 5 Nelken
8 schwarze Pfefferkörner, 1 Stück Zimtstange
1 unbehandelte Zitrone, 300 ml roter Portwein

◗ Die Zwiebeln schälen, größere halbieren und in heißem Wasser ca. 10 Minuten kochen, herausnehmen und für 5 Minuten in eiskaltes Wasser geben, dann abtropfen lassen.

◗ Den Rotweinessig mit 100 g Zucker erhitzen, salzen. Den restlichen Zucker in einem zweiten Topf unter beständigem Rühren karamelisieren, die Essig-Flüssigkeit hinzufügen, gut umrühren bis sich die Karamel-Masse vollständig gelöst hat.

◗ Zwiebeln, Salbei, Lorbeer, in Scheiben geschnittener Ingwer, Gewürze und Zitronenschale in die Zucker-Essigflüssigkeit geben. Umrühren, aufkochen und ca. 5 Minuten lang kochen lassen. Von der Kochstelle nehmen, den Portwein gleichmäßig unterziehen.

◗ Die Mischung noch heiß in vorbereitete Gläser füllen, verschließen und nach dem Abkühlen an einem kühlen Ort aufbewahren.

SCHNELLES RAHM-ZWIEBELGEMÜSE

6 mittelgroße Zwiebeln, 1 1/2 EL Butter
2 Tassen Gemüsebrühe
100 g frische oder aufgetaute Erbsen
Salz, zerstoßener Koriander
1 Becher saure Sahne (Rahm)
1 EL gehackte Petersilie

Die Zwiebeln schälen, in Ringe schneiden und in der Butter glasig dünsten, mit Gemüsebrühe ablöschen, die Erbsen dazugeben, würzen und zugedeckt ca. 10 Minuten dünsten.

Von der Kochstelle nehmen, die saure Sahne unterziehen, kurz stehen lassen, dann das Gericht mit gehackter Petersilie bestreut servieren.

RAFFINIERTE ZIMT-KARAMEL-ZWIEBELCHEN

500 g kleine Zwiebeln, 2 – 3 EL Sonnenblumenöl
Salz, 60 g brauner Zucker
200 ml trockener Rotwein, 6 EL Rotweinessig
2 EL Tomatenmark, 2 TL gem. Zimt, Cayennepfeffer

- Die Zwiebeln schälen, dann in heißem Sonnenblumenöl in einer größeren Pfanne glasig dünsten. Mit Salz würzen.
- Den braunen Zucker darüberstreuen und unter beständigem Wenden karamelisieren lassen.
- Rotwein mit Essig sowie Tomatenmark verrühren, über die Zwiebeln in die Pfanne geben, gut verrühren, aufkochen lassen und mit Zimt sowie Cayennepfeffer würzen.
- Die Kochstelle herunterschalten, dann das Gericht zugedeckt ca. 15 Minuten dünsten lassen, dabei gelegentlich umrühren.
- Die Zwiebeln vorsichtig aus der Pfanne nehmen, die Flüssigkeit in ca. 10 Minuten dicklich einkochen lassen, die Zwiebeln wieder hineingeben, kurz erhitzen, nochmals mit Essig sowie gemahlenem Zimt abschmecken.

Tipp:
Die raffinierten Zimt-Karamel-Zwiebeln passen warm serviert gut zu Lamm- oder Wildgerichten. In einem Fondue genießen Sie die Zwiebeln am besten lauwarm.

GRATINIERTE ZWIEBELN AUS DEM BACKOFEN

1 kg Zwiebeln, ca. 50 g Butter oder Margarine
1/8 l süße Sahne (Obers), 2 Eier
Salz, edelsüßes Paprikapulver, weißer Pfeffer
50 – 60 g geriebener Käse, z.B. Emmentaler
50 – 60 g Semmelbrösel, 2 EL Butter

Die Zwiebeln schälen, größere durchschneiden oder vierteln. Butter oder Margarine erhitzen, die Zwiebeln darin anbräunen, dann etwas Sahne zugießen und die Zwiebeln ca. 10 Minuten unter gelegentlichem Umrühren dünsten. Den Backofen auf 230 – 250 °C vorheizen.

Eine hitzebeständige, backofengeeignete Auflaufform einfetten. Die Zwiebeln hineingeben. Die restliche Sahne mit Eiern, Salz, Paprikapulver sowie Pfeffer verquirlen und über die Zwiebeln in die Form gießen.

Geriebenen Käse mit Semmelbröseln mischen, aufstreuen, Butterflöckchen darauf verteilen und das Gericht in die Mitte des Backofens geben, dann in ca. 15 – 20 Minuten goldbraun und knusprig überbacken.

ZWIEBEL-SPROSSEN-MEDAILLONS

500 g mittelgroße Zwiebeln
6 – 7 EL kaltgepreßtes Olivenöl, 1 Tasse Gemüsebrühe
Salz, Pfeffer aus der Mühle, 3 Eier
1/2 Bund Schnittlauch, 3 EL Milch
2 – 3 EL Vollkornmehl, etwas frisch ger. Muskatnuß
3 EL ausgkeimte Weizenkörner

Die Zwiebeln schälen und in sehr dünne Scheiben schneiden, in 2 EL Olivenöl goldgelb braten, dann mit der Gemüsebrühe ablöschen. Unter beständigem Rühren einige Minuten lang dünsten.

Ist die Flüssigkeit verkocht, die Zwiebeln mit Salz sowie Pfeffer kräftig würzen. Zum Abkühlen beiseite stellen.

Die Eier in eine Rührschüssel geben, mit Milch sowie Vollkornmehl verrühren. Dazu am besten den Elektroquirl mit Schlägern einsetzen.

Mit Salz, Pfeffer und frisch geriebenem Muskat abschmecken, dann Zwiebeln und Weizenkörner dazugeben.

▸ Etwa 10 Minuten quellen lassen. Den Schnittlauch fein hacken, hinzufügen und alles gut durchmischen.

▸ In einer großen, weiten Pfanne das restliche Fett erhitzen, darin 8 – 12 flache Medaillons von beiden Seiten goldgelb ausbacken. Noch warm servieren.

Tipp:

Zu den Zwiebel-Sprossen-Medaillons servieren Sie am besten ein Kartoffelpüree und einen frischen, grünen Salat.

ELSÄSSER ZWIEBELKUCHEN

Hefe (Germ)-Teig:
200 g Mehl, 20 g Hefe (Germ)
ca. 8 EL lauwarme Milch, 1 Prise Zucker
1 TL Salz, 50 g weiche Butter
Belag:
500 g Zwiebeln, 175 g magerer Speck
1 Spritzer Soja-Sauce, z.B. von Kikkoman
30 – 40 g Butter oder Margarine, 3 Eier
250 g saure Sahne (Rahm), 1/2 TL Salz
frisch gemahlener Pfeffer, Butter für die Form
1 EL Semmelbrösel zum Bestreuen

▸ Das Mehl in eine Schüssel sieben, in die Mitte eine Vertiefung eindrücken, die Hefe hineinbröckeln, die Milch hinzufügen, Zucker einstreuen und die Masse mit etwas Mehl durchmischen. Zugedeckt an einem warmen Ort ca. 20 Minuten gehen lassen. Salz sowie weiche Butter zugeben, dann den Ansatz mit Hilfe des Elektroquirls mit Knetern zu einem geschmeidigen Hefeteig verarbeiten, der nochmals 15 – 20 Minuten gehen sollte.

▸ In der Zwischenzeit den Belag vorbereiten. Hierzu die Zwiebeln schälen, vierteln und in Scheiben schneiden. Den Speck würfeln und in erhitzter Butter knusprig ausbraten, dann die Zwiebeln dazugeben, unter beständigem Wenden einige Minuten lang dünsten. Mit Soja-Sauce würzen. Zum Abkühlen beiseite stellen.

▸ Eier, saure Sahne, Salz und Pfeffer verquirlen. Hierzu am besten den Elektroquirl mit Schlägern einsetzen.

▸ Eine Quiche- oder Springform (Ø 26 cm) einfetten, den leicht ausgerollten Teig hineingeben und einen Rand von ca. 2 cm hochziehen. Den Teigboden mit einer Gabel mehrfach einstechen, dann mit Semmelbröseln bestreuen. Zunächst die Speck-Zwiebelmasse daraufgeben, anschließend mit der Eier-Sahne überziehen.

- Nochmals ca. 5 Minuten gehen lassen.
- Den Zwiebelkuchen im unteren Drittel des Backofens in 40 – 50 Minuten goldbraun backen. Noch frisch servieren.

Tipp:
Am besten reichen Sie einen gemsichten Salat dazu. Als Getränk empfiehlt sich ein frischer, junger Weißwein, z.B. ein grüner Veltliner.

ZWIEBELBROT

500 g Zwiebeln, 50 g Butter
frisch gem. weißer Pfeffer, 1 Prise Muskat
750 g Weizenvollkornmehl
1 1/2 Pa Trocken-Backhefe (Germ), 3 TL Meersalz
1 Ei, 300 ml lauwarmes Wasser

- Die Zwiebeln schälen, würfeln und in der Butter glasig dünsten. Abkühlen lassen.
- Das Mehl in eine Rührschüssel geben, mit Hefe sowie Salz mischen, dann Ei, Wasser und die vorbereiteten Zwiebeln dazugeben.
- Mit dem Elektroquirl mit Knetern oder in der Küchenmaschine erst bei niedriger Einstellung mischen, dann auf höchster Stufe in ca. 5 – 7 Minuten zu einem glatten Teig verkneten. Sollte der Teig noch zu fest sein, noch etwas Wasser dazugeben.
- An einem warmen Ort so lange gehen lassen, bis er sein Volumen deutlich vergrößert hat.
- Nun den Teig aus der Schüssel nehmen, von Hand nochmals durchkneten, dann einen runden Brotlaib formen, diesen auf ein gefettetes Backblech geben und nochmals gehen lassen.
- Den Backofen auf 200 – 220 °C vorheizen, die Teigoberfläche mit Wasser bestreichen und kreuzweise einschneiden, dann im unteren Drittel des Backofens in ca. 50 – 60 Minuten backen. Das fertige Brot herausnehmen und auf einem Gitterrost auskühlen lassen.

Tipp:

Geben Sie bereits während der Vorheizzeit eine Schale aus hitzebeständigem Material, mit 1/4 l heißem Wasser gefüllt, auf den Backofenboden. So kann Feuchtigkeit im Gerät entstehen, die das Zwiebelbrot knuspriger werden lässt. Attraktiv lässt sich das Brot wie folgt servieren: Zunächst halbieren, dann vierteln, je 2 Viertel in eine Richtung aufschneiden, die anderen beiden Viertel in Gegenrichtung aufschneiden, dann das Brot wieder zusammensetzen und in einen runden Brotkorb legen.

DIE GESUNDHEITLICHE BEDEUTUNG VON BÄRLAUCH, KNOBLAUCH UND ZWIEBEL

Bärlauch

Bezogen auf seinen Gehalt an Nähr- und Wirkstoffen ist der Bärlauch sogar dem Knoblauch überlegen. So besitzt er beispielsweise einen 20-fach höheren Adenosingehalt. Das bewirkt, dass die gesamte Durchblutung des Körpers verbessert wird und alle inneren Organe davon profitieren. Die Pharmaindustrie verarbeitet getrockneten Bärlauch zu hochkonzentriertem Granulat, welches einen ähnlichen Effekt bewirken soll.

Bärlauch enthält zudem wertvolle Mineralstoffe wie Eisen, Magnesium, Mangan oder Schwefel, die in ihrer Zusammensetzung vom Darm besonders gut aufgenommen werden. Daneben wird der Cholesteringehalt reguliert, neuere Untersuchungen zeigen, dass auch Arteriosklerose durch die Inhaltsstoffe des Bärlauchs positiv beeinflußt werden kann. Tee aus den Blättern dieser Pflanze hilft bei Magen- sowie Darmbeschwerden sowie Blähungen. Erst in den letzten Jahren hat man diese Erkenntnisse über den Bärlauch gewonnen, die in weiteren Forschungen aktuell ausgeweitet werden.

Knoblauch

Schon alt-griechische und römische Ärzte setzten den Knoblauch als Heilmittel ein, vor allem zur Behandlung von Bronchitis, Hautproblemen und Magenkrämpfen. Im Talmud steht geschrieben, daß Knoblauch dem Gesicht „Klarheit“ gibt, die Manneskraft stärkt und zu guter Letzt die „Parasiten“ aus dem Magen vertreibt. Im Mittelalter schrieb man der kleinen Knolle große Zauberkräfte zu. So schützte sie angeblich vor dem bösen Blick und ließ Vampire abwehren.

Erst Mitte des 19. Jahrhunderts gelang es der Wissenschaft, den Knoblauch näher zu erforschen. Der Franzose Louis Pasteur konnte nachweisen, dass Knoblauch Bakterien sowie Pilze bekämpfen kann und daher eine heilende Wirkung bei Entzündungen zeigt. Heute weiß man zudem, dass der regelmäßige Verzehr den Blutdruck und den Cholesterinspiegel senkt. Der schwefelhaltige Stoff „Allicin", der im Knoblauch vorherrscht und beim Zerteilen freigesetzt wird, enthält ca. 1 % der antibiotischen Kraft des Penicillins. Das erscheint nicht hoch. Langfristig und regelmäßig genossen, stärkt der Knoblauch jedoch die Abwehrkräfte. Darüber hinaus findet man Mineralstoffe wie Calcium, Phosphor und Eisen sowie die Vitamine A, B und C. Wichtig zu wissen: im Körper wirkt der Knoblauch entgiftend, da er Schwermetalle über die Niere ausschwemmen kann.

Zwiebel

In den sieben Hüllen der Zwiebel befinden sich zahlreiche, überaus gesunde Inhaltsstoffe. Neben wertvollem Pflanzeneiweiß sind dies Vitamine, Mineralstoffe (z.B. Fluor, Phosphor) und seltene Spurenelemente (z.B. Jod, Selen, Zink). Aber auch die schwefelhaltigen, ätherischen Öle sind wichtig. Zwar verursachen sie das lästige Augentränen, helfen den Körperdrüsen, wirken positiv auf die Verdauung und desinfizieren den Magen- und Darmtrakt.

Die Zwiebel besitzt entzündungshemmende, wassertreibende und wundheilende Eigenschaften. Das stechend riechende „Allicin" wirkt antibiotisch und führt bei Schnupfen zu Erleichterung, wenn man sich eine durchgeschnittene Zwiebel unter die Nase oder ans Ohr hält.

Gekochte Zwiebeln mit etwas brauner Schale, dazu Honig, ist seit Alters her ein bewährter Hustensaft. Fazit: Zwiebeln sind einfach rundum gesund und man sollte sie so oft als möglich genießen.

STICHWORTVERZEICHNIS

Zu den Rezepten:

Die Rezepte dieses Buches sind für 4 Personen berechnet.
Die Temperaturangaben sind Richtwerte, die je nach Herdtyp abweichen können. Möchten Sie das jeweilige Rezept mit Heißluft zubereiten, so stellen Sie ca. 20 °C niedriger ein. Die Backzeiten bleiben in der Regel gleich. Bitte vergleichen Sie die Temperaturangaben vorab mit denjenigen in der Gebrauchsanweisung Ihres Herdes und stellen Sie ggf. etwas höher oder niedriger ein.

Zum Gebrauch des Buches:

Bitte beachten Sie folgende Abkürzungen bei den Rezepten:

EL	Eßlöffel
TL	Teelöffel
Msp	Messerspitze
g	Gramm
kg	Kilogramm
l	Liter
cl	Zentiliter
geh.	gehäuft
gem.	gemahlen
ger.	gerieben
gestr.	gestrichen
Pa.	Päckchen

Bildnachweis:

StockFood, H. Bischof: Titel
Teubner Foodfoto, Füssen: Rücktitel, 6, 7, 31
StockFood, Studio Boniselli: 8
CMA, Informationsbüro Deutsche Butter: 10, 12
Deutscher Käse/Ketchum PR, München: 19
Langnese-Iglo GmbH: 14
CMA, Butterschmalz/Ketchum PR, München: 20
Thomy/Ketchum PR, München: Innentitel, 23
StockFood, S&P Eising: 24
Niederl. Büro f. Milcherzeugn.: 29
Sigloch Edition/H.-J. Döbbelin: 33
WMF, Geislingen: 35, 36
Reformhaus Information/E. Gerlach: 39, 53, 62, 64, 67, 70, 73
Robert Bosch Hausgeräte GmbH, München: 41, 49, 59
Bad Reichenhaller/Ketchum PR, München: 43, 61
Meggle/Ketchum PR, München: 45, 57
Reformhaus Kochstudio/A. F. Endress: 47
CMA, Rapsöl: 51
Gusto/Ulrike Köb: 58
Kikkoman/Ketchum PR, München: 75

Autorin und Verlag danken den oben genannten Unternehmen für die umfangreiche und freundliche Bereitstellung des Bildmaterials.
Lektorat: Ursula Calis, München
Design & Produktion: Verlagsbüro Fritz Petermüller, Siegsdorf

A-6020 Innsbruck (14.04)
Fax 0043 (0) 512/26 55 61-8
kompass@kompass.at
www.kompass.at
Verlagsnummer: 1745
ISBN 978-3-85491-435-8